Toma de decisiones y solución de problemas

Alex   Plascencia

DEDICATORIA

Este libro lo dedico a todas aquellas personas que por algún motivo dejaron de creer en sí mismos y no encontraron como solucionar cualquier problema que se les pone enfrente, aquí encontraras un punto de vista lógico, creado desde un punto de vista personal, el cual podrás llevarlo de manera profesional como Padres de familia, Tutores Legales, Director o Dueño de una Empresa, Gerente, Ejecutivo, Vendedores , no importa tu profesión, incluso si eres estudiante te podrá dar una mejor manera de ver las cosas.

Este curso fue creado a finales del 2013-2014 para un grupo de ejecutivos que estaban a mi cargo en una financiera, en la cual desempeñe el puesto de gerente de zona, ahí me di a la tarea de involucrarlos, sabía que no lo harían por que creían saber hacer las cosas únicamente por ocurrencia y no con fundamento, no aseptarian si fuese un curso, por cuestiones de ego, falta de conocimiento del tema y algo que te encontrarás siempre de manera cotidiana cuando eres responsable de mas de 1 persona, siempre te juzgarán sin saber realmente y menos con fundamentos, ojo esto se repite en cualquier parte de México, creen que por llevar más de un año laborando en el rubro, siempre creerán que saben todo, encontrarán un personaje llamado Victor, Pedro,Erick el nombre de la persona en turno, que se cree más que cualquier individuo, o un personaje llamdo Oscar, Alejandro o Luis que tiene el potencial pero no le gusta salir de su zona de confort, personajes con una carrera en la cual durante sus estudios seguramente fueron destacados, su carácter era parte de su problema, personajes con inteligencia emocional, su seguridad la basaba en el ego, fue el único rescatable del grupo, los demás siguieron su vida de acuerdo a su ámbito, algunos cambiaron con el tiempo, fue un logro introducir este tema de manera práctica y me siento orgulloso ya que ellos jamás se dieron cuenta por sus egos.

Toma de decisiones y Solución de problemas

CONTENIDO

AGRADECIMIENTOS

A ti pelirroja hermosa quien me apoyo en momentos difíciles, al decidir que este curso era necesario para tú plantel, 2019-2020 fue la primera vez que pudo darse como capacitación al personal .

INTRODUCCIÓN

La presente obra tiene como objetivo ser un soporte para usted estimado lector, esto con la finalidad de que mejore la calidad de la toma de decisiones. Sí bien es sabido que diario tomamos decisiones… La cuestión aquí sería ¿qué tan acertado y asertivo soy en la toma de decisiones?

Es por eso que surgen dudas, un poco de incertidumbre y en ocasiones llegamos a ser un tanto indecisos, esto porque deseamos que nuestras decisiones sean las adecuadas, correctas y oportunas. Pareciera simple, pero realmente no lo es, ya que con cada toma de decisiones sea esta adecuada o inadecuada esta siempre generará una consecuencia positiva o negativa directamente proporcional y acorde a la decisión efectuada.

Sin más por el momento y esperando sea de suma utilidad para su día a día en su vida personal y laboral, de este modo doy inicio al primer ejercicio como arranque del tema en boga.

EJERCICIO DE RETROSPECCIÓN

Antes de iniciar con la parte teórica considero importante y a su vez relevante iniciar con un ejercicio, que si bien, nos pondrá a pensar, reflexionar y generar un poco de introspección, ya que tiene como finalidad que veamos resultados de pre-test y post-test comúnmente aplicados en carreras especializadas en área de investigación. Es así como esperando culmines con efectividad y eficiencia esta obra que podemos utilizar cómo herramienta de nuestra cotidianidad.

A continuación: Llena este ejercicio antes de continuar con los temas, al terminar este libro, has nuevamente el ejercicio y compáralo, encontrarás diferencias y mejoras.

EJERCICIO DE RETROSPECCIÓN

1.- ¿Qué entendemos por toma de decisión a nivel personal -empresarial - laboral?

2.- ¿Cuál es tu proceso para la toma de decisiones?

3.- ¿Bajo qué criterio aterrizas tus tomas de decisiones cotidianas en el ámbito laboral y personal?

4.- ¿Sabes el impacto que tiene una buena y mala decisión en el ámbito laboral o personal?

Ejemplifica

5.- ¿Cuál es el proceso adecuado para toma de decisiones pertinente, oportuna y eficaz?

6.- ¿Cuál es tu proceso en el manejo de una situación difícil y cómo le das solución?

7.- ¿Cuál ha sido tu mayor reto a lo largo de tu vida laboral y personal?

8.- ¿Cuál es el objetivo de que te marcarás después de leer este libro?

A manera introspectiva

- Cuando tomas una mala decisión, eres capaz de reconocer tu error.

¿Cuántas veces reconoces?

¿Cuántas veces reparas el daño?

¿Cuántas veces buscas activamente otras soluciones?

Cada persona es diferente, cada persona tiene una profesión distinta y criterios variados para su proceso de la toma de decisiones y el impacto de la solución a los problemas a la cual nos enfrentamos día a día desde la parte personal y familiar hasta los puestos que desempeñamos, con múltiples responsabilidades y obligaciones...

CAPÍTULO 1
PRÓLOGO

Antes que nada, déjame decirte que no te estoy diciendo como tomar decisiones, es claro que tienes una vida tomando decisiones, en este libro encontrarás la metodología y el proceso correcto usando el método científico adecuado a este proceso, muchas personas pueden tomar decisiones de manera lógica, eso no significa que sea la adecuada o que tenga el mejor resultado, nos enfrentamos cada día a numerosas decisiones y a grandes o pequeños problemas que tenemos que solucionar.

Aquí es donde tú tienes la capacidad de asumir cualquier responsabilidad personal o laboral al asumir cualquier puesto con responsabilidad consiste en resolver problemas y en tomar decisiones, dos de las áreas más difícil del trabajo profesional.

Muchas veces las soluciones se buscan por reacción y no como prevención a los problemas, esto genera más problemas o que haya problemas constantes porque alguien no es responsable durante su gestión laboral o de manera personal rehúsa esa responsabilidad.

Es muy importante tener en cuenta el trabajo en equipo para la toma de decisiones cuando se está sólo, talvez se tiene pareja, en la parte laboral se cuenta con un equipo de trabajo con el cual se tiene el concepto y la visión de varias personas para llegar a la mejor decisión; para conformar equipos se deben tener en cuenta las capacidades, el compromiso y la responsabilidad de cada uno de los integrantes, para así lograr ser un verdadero equipo de trabajo.

"Te guste o no, la escencia misma de asumir responsabilidades está en tomar decisiones."

Todas las decisiones que deben tomar son *decisiones* con algún grado de incertidumbre, esto te genera duda emocional, descontrol y esto genera pésimas decisiones, por eso es importante enfocarnos y comenzar de cero, el problema ya está, así que tomate tú tiempo para comenzar a analizar, recuerda que puedes tener la solución y no lo sabes, cuando tienes experiencia del rubro en cuestión, tú propia experiencia te pude guiar, si necesitas más habrá que investigar y comenzar a desenredar esas ideas que generan indecisión por la premura de la situación, es ahí donde tu experiencia y conocimiento vale, solo date tiempo para pensar.

Buscando información y trabajemos completamente en la búsqueda analizando las alternativas y sus posibles resultados, no vamos a saber la consecuencia de nuestras decisiones hasta que las tomemos.

"Cuando una decisión es tomada con fundamentos es poco probable que fallemos."

Si no piensas adecuadamente la situación del problema, nada que garantiza que las condiciones en las que se tomó la decisión sigan igual, ya que estamos en un medio que cambia constantemente; aunque las que se toman sin previo análisis, al azar, están más expuestas al fracaso, que aquellas que siguen el proceso adecuado como lo mencioné anteriormente.

Cada momento de tú vida y situación en ella estas asumiendo un riesgo; hay que identificar los riesgos que cada actividad conlleva y tomar las medidas necesarias para minimizar cualquier problema.

Asumir riesgos es positivo para aprender de los éxitos y de los fracasos a los que te enfrentaras, esto te dará el sentido común y la experiencia necesaria para resolver cualquier problema.

La buena toma de decisiones permite vivir mejor, esto es porque tienes más control sobre tú vida.

Como padres de familia, tutores legales, director o dueño de una empresa, gerente, ejecutivo, vendedores, etc. Debe tomar muchas decisiones todos los días, algunas de ellas son decisiones de rutina o intrascendentes mientras que otras tienen una repercusión muy fuerte.

Por qué algunas de estas decisiones podrían involucrar la ganancia o pérdida de los objetivos que te hayas trazado.

CAPITULO 2
CADA DECISION CUENTA

Cada decisión que tomemos puede ser acertada o errónea, por eso hay que aprender de nuestros errores, las decisiones son como una hoja de doble filo, porque las dos genera un aprendizaje.

La capacidad de tomar decisiones, siempre genera asumir riesgos, ser creativo y buscar alternativas a problemas o retos aún no existentes.

"La acumulación de experiencia es larga y en ocasiones muy costosa."

Cuanto más se aprende es por los propios errores, alcanzar un elevado nivel de experiencia requiere de tiempo y conocimiento con bases y fundamentos tanto para tu vida diaria como en el mundo laboral.

En la toma de decisiones tenemos que tener en cuenta:

- Efectos futuros: A corto o mediano plazo, las decisiones deben tomarse con fundamentos cualitativos y cuantitativos, no se puede menospreciar el que se deba tomar una decisión a corto plazo y por eso disminuir la atención, esto podría acarrear problemas a largo plazo por una mala decisión no pensada adecuadamente solo por tomar una decisión si valorar las cosas.

- Reversibilidad: Esto es cuando una decisión puede revertirse y la dificultad generada por falta de fundamentos es inmediata, por eso siempre hay que tomar decisiones con bases y fundamentos.

- Impacto: Aquí es cuando debes pensar bien, muy bien las cosas porque puede durar poco o años por no darle la importancia requerida.

- Calidad: Mientras la calidad laboral exista, valores éticos, estar dentro del fundamento de derecho y legalidad.

- Periodicidad: Toma de decisiones se torna frecuente o de manera continua, como apaga fuegos cada día.

- Una decisión Frecuente no limita su valor a diferencia de una continua que es generada por malas decisiones de diferentes áreas, que es esto, que se deben tomar las decisiones valorándolas de acuerdo a un nivel alto o bajo, eso dependerá de la situación.

- En resúmen:

Toma de decisión de alto nivel: Requerirá seguir un proceso de análisis, búsqueda de alternativas, planificación, ejecución y evaluación.	Toma de decisión de bajo nivel: Requieren poco esfuerzo y poco tiempo.
Decisiones que afectan al futuro	Decisiones que no afectan al futuro
Decisiones difícilmente reversibles	Decisiones reversibles
Decisiones de amplio impacto	Decisiones de escaso impacto
Decisiones que afectan a factores relevantes de calidad	Decisiones que afectan a pocos factores relevantes de calidad.
Decisiones excepcionales	Decisión que se toma frecuentemente.

CAPÍTULO 3
TIPOS DE DECISIÓN

Las decisiones pueden ser Programada, Rutinaria o Intrascendente:

Programadas o de rutina.
Ejemplo: programada sería cuando tienes el gasto mensual y hay que pagar la renta, servicios y despensa. En la parte laboral, cuando el departamento de RRHH tiene que programar pagos a los empleados, pagos de renta, luz, etc; Se ha desarrollado una metodología definitiva para poder manejarlas, cuentan con guías o pasos secuenciales para resolver un problema.

Decisión no Programada: "Son aquellas que requieren atención inmediata por su riesgo", hay que valorar su inmediatez de bajo o alto riesgo.

Se les da poco tiempo olvidando aspectos como la planificación y el proceso adecuado antes mencionado, teniendo toda responsabilidad de la decisión, esto significa *habilidad* para *responder* en el momento de una decisión con fundamentos los cuales son pasados por alto, generando proactividad, decidiendo actuar en el momento, generando más problemas y pérdidas.

Muchas veces te toparás con personas que se limitan a observar y a esperar que las cosas pasen, sin decidir, está actuando de manera irresponsable, buscando un responsable.

Una persona reactiva y proactiva actúa en base a lo que le sucede, no prevén absolutamente nada, cada decisión es forzada por el momento y siempre presentan una sola alternativa.

Cuando se es proactivo, se tienen múltiples alternativas para decidir siempre y cuando fundamentes con bases, de lo contrario sería un completo error.

CAPÍTULO 4
ELIMINA TU ZONA DE COMFORT

Cualquier cosa que esta fuera de nuestra zona de comfort, es difícil de ver y aún más difícil tratar de salir de nuestra zona de comfort, este cambio puede ser difícil, con muchas dudas, doloroso o simplemente nos asusta.

Aquí entra una gran pregunta de avance:

¿Cómo sé que algo nuevo es mejor sí no lo conozco? la respuesta es: no lo sabrás si no lo intentas.

Todos anhelamos algo mejor y lo queremos sin buscar, la oportunidad la podemos tener, talvez está tocando la puerta, pero no sabes cómo o por qué, sólo deseas obtenerlo, es ahí donde te da miedo salir de tu zona de comfort.

Cuando sales de tú zona de comfort, entras en un terreno desconocido, incómodo en un principio, pero cuando ves que las cosas no eran como lo veías, y que ahora te sientes más suelto estando fuera de tu zona de comfort, descubres la posibilidad de reinventarte y crecer de maneras insospechadas.

La inseguridad o ansiedad que se generó mientras estabas en tú zona de comfort, causado incertidumbre, eso es lo que muchas veces limita la toma de decisiones.

Los directivos con malas prácticas siempre encuentran escaso el tiempo para resolver situacioes difíciles (problemas), buscando quien resuelva el problema o viendo quien será el culpable además de buscar fórmulas salvadoras, prendiendo veladoras, si esto funcionó en el pasado, fue solo porque generó más problemas y solucionando el problema culpando a alguien, resolviendo un problema con una decisión endeble, sacrificando posiblemente un buen elemento en lugar de ser responsables por su falta de dirección y toma de decisiones.

CAPÍTULO 5
PROCESOS Y ETAPAS DE ALTO NIVEL PARA TOMA DE DECISIONES.

El proceso debe seguir la siguiente metodología:

Como individuo o en la parte laboral se debe tener una base de valores personales además de los académicos según el nivel de toma de decisiones.

Siempre tienes que tener Información: tener todos los datos del problema en boga, teniendo en cuenta los objetivos a desarrollar para delimitar la investigación con elementos cualitativos y cuantitativos.

Tener una capacidad de análisis: Generar un proceso cualitativo y cuantitativo para hallar soluciones sin dejar de lado la intuición.

Tú experiencia: En este caso cada persona através de experiencia laboral y personal va adquiriendo conocimientos, esto puede guiarlo a resolver el problema.

Teniendo la información, generar un análisis, basado en tú experiencia usando tú:

Conocimiento Académico o de Investigación: es importante tener fundamentos sobre el tema, el ser empírico puede generar o agravar un problema por desconocer los fundamentos, investiga sobre el tema

Una vez reunidos los 4 elementos anteriores podrás generar un:

Juicio: Usa tú criterio y sentido común, usando la información, el análisis con tú experiencia y conocimiento para tomar la decisión adecuada.

CAPÍTULO 6
SOLUCIONANDO UN PROBLEMA

Etapas	Objetivos	Competencias necesarias
Identificar el Problema Explicar el problema	Comprender el problema: ¿Qué es?, ¿ por qué?,¿Cuándo?,¿Dónde? , entender la situación y contexto	Análisis Síntesis Visión global Pensamiento Crítico
Idear la estrategia Cuántas Alternativas Decidir qué estrategia Diseñar la solución	Crear una estrategia de Solución apoyada en fundamentos, que minimice los efectos negativos y que asegure logros reales.	Creatividad Negociación Comunicación
Desarrollar la manera de solucionar Evaluar los logros	Lograr solución del problema, permitiendo además la transferencia y acumulación de los conocimientos aprendidos.	Liderazgo Empatía Trabajo en Equipo

CAPÍTULO 7
IDENTIFICANDO SOLUCIONES

Detectar problemas/oportunidades puede ser muy fácil o muy difícil, dependerá de tus habilidades para anticipar con tiempo un problema y estar preparados a su aparición por error de terceros o nuestra.

La experiencia marca que los problemas pueden ser instantáneos.

- El problema se genera en el momento
- Tienes un proceso preventivo y posibles soluciones.
- Generar oportunidad en cada solución del problema.

Proceso preventivo anticipar los problemas y dejarlo solucionado.

Proceso correctivo es en ese momento donde pierdes control de la situación el cual origina desorientación, ésta causa malas decisiones generando un bajo rendimiento que lleva al estrés y de motivación.

En el día a día la vida real, los problemas se presentan en diferentes momentos del día "están a nuestro alrededor", esto es porque alguien no está tomando la decisión correcta, todo se genera en cadena y no esperan a ser descubiertos.

Para poder anticipar los problemas se debe tener una estructura básica como lo vimos anteriormente y concederles el valor que se merecen o aprovechar convertir el problema a nuestro favor detectando áreas de oportunidad o simplemente generar una ventaja del problema en sí.

Para esto es preciso desarrollar una actitud profesional e individual, para después trabajarlo en equipo de manera abierta poniendo atención en todo lo que nos rodea, observar cambios, mantenerse alerta, ser un poco reservado antes de hacer comentarios, estructura tus ideas, para muchos la curiosidad es un factor que pude generar problemas, no seas tan curioso porque puedes tomar decisiones sin fundamento (chismes), mantente atento, sé objetivo todo el tiempo.

La información del tema en boga es el fundamento para tomar decisiones, mientras estés mejor informado y esta sea veraz, las decisiones se tomarán con mayor agudeza y agilidad.

"El secreto para tomar decisiones está en la información veraz y oportuna siempre bien fundamentada"

Tienes que tomar decisiones de manera enfocada, no puedes ser juez y parte debes tomar la decisión fríamente con fundamentos, sigue el proceso mencionado anteriormente, no encontrarás el hilo negro de las cosas, simplemente mejorará la manera en la toma decisiones.

Nunca debes guiarte por palabras mal infundadas y sin fundamentos, generadas por egos personales de terceros. (Amigos, compañeros de trabajo, Familia).

Generalmente las malas decisiones son generadas por que dejas guiarte por terceros, lejos de ayudarte pueden empeorarlo, generando situaciones muy delicadas, en las que los únicos beneficiados serán ellos.

Por eso tomate tú tiempo sigue los procesos que te mencione anteriormente, hazlos tuyos ponlos en práctica, las decisiones más difíciles generalmente son más simples de solucionar, pero se complican cuando no tienes la información correcta, estas ideando posibles factores sin antes, buscar una base, fundamento, análisis, experiencia y juicio.

CAPÍTULO 8
PROCESO PARA IDENTIFICAR PROBLEMAS Y CÓMO SOLUCIONARLOS.

1. ¿Cuál es el problema?

2. Contexto y situación real del problema.

3. Análisis de la situación y el problema.

Fundamenta el análisis, ten toda la información, investiga a fondo sobre el tema, busca situaciones similares dentro de tu experiencia y cómo lo solucionaste, investiga sobre situaciones similares y como fueron resueltas.

Puedes armar un archivo con toda la información, esto se puede hacer de manera personal o trabajando en equipo dividiendo la búsqueda de datos, organizar todo es fundamental, esto determinara tu asertividad en la resolución.

Una vez realizado el archivo completo sobre el tema y por qué se dio el problema, podras valorar la intensidad del problema, si es de bajo riesgo o alto riesgo, al tener todos estos datos es muy fácil tomar decisiones correctas.

La manera de establecer la solución del problema será clara y bien fundamentada, el problema tendrá varias opciones en cuanto a solucionarlo.

La mente fría y objetiva te permite tener un mejor visón del momento y el problema, dándote el tiempo suficiente para crear el archivo con todo lo relacionado al problema y poder usarlo en el futuro ya sea como solución o ejemplo en una capacitación, esto podrá ser usado para definir estrategias con un fin personal o incrementar tus metas en la parte laboral.

CAPÍTULO 9
CÓMO SABER SÍ TU ERES PARTE DEL PROBLEMA Y CÓMO SOLUCIONARLO.

Algo que me gusta hacer durante los curso que doy a todos, deben hacer un FODA de manera personal y otro de manera laboral, les diré por que, porque este factor es importante ya que me permite tener una radiografía completa de los participantes y cómo se desempeñan en el trabajo, mucho basan sus decisiones como si fuera una cuestión familiar y a la inversa, es ahí cuando determinas que son parte del problema, al no tomar decisiones fundamentadas en la parte laboral continúan el mismo proceso de manera automática a su vida diaria.

Luego se preguntan por qué les pasa todo y la verdad es porque no se ponen a delimitar el tipo de decisión y responsabilidad en un trabajo dividiendo la parte personal, en México estamos mal acostumbrados a seguir la corriente, perjudicando la toma de decisión en un nivel operativo (Personas con estudios básicos y elementales.) hasta medios mandos (Son aquellos que su nivel educativo es medio superior), y muy raro que un alto mando (Gerentes, Directores, Dueños de sus propios negocios, etc.) tenga este tipo de problema ya que está más acostumbrado a la toma de decisiones , sin involucrar la parte personal.

En este último apartado con los altos mandos, es muy raro que suceda, pero sucede y más cuando en gobierno ponen personas en cargos que no tienen la capacitación y desarrollo académico del área, o tienen una edad muy avanzada para poder tomar decisiones efectivas por su falta de actualización.

Directivos que no tienen idea de cómo administrar, gerenciar y menos liderar un equipo de trabajo, siempre tendrán problemas organizacionales, como anécdota; Me he topado con gerentes que son médicos y su única preparación es en medicina, reprobando completamente en la parte administrativa, teniendo los siguientes problemas médicos desde Alzheimer tomando decisiones de las cuales no recuerda las propias decisiones correspondientes a su puesto, olvidando así datos importantes administrativos – médicos, lo cual finalmente esto genera un impacto en definitivo, no positivo a su desempeño, repercute con su staff de trabajo y por ende a los pacientes o usuarios de las instalaciones del centro del cual (el médico con Dx. Alzheimer) * dirige.

Esta radiografía de los participantes y en este caso tú, tendrás que hacer uno para que veas tus fortalezas y debilidades dentro del ámbito laboral y como persona, te dará las herramientas para crecer.

Como te darás cuenta esta herramienta es súper útil para conocerte mejor y conocer tus debilidades en el trabajo y no ser parte del problema, haciendo esto las respuestas a los problemas serán cada vez más acertadas.

DEBILIDADES	AMENAZAS
FORTALEZAS	OPORTUNIDADES

*Dx.- *Abreviatura que hace referencia a diagnóstico.*

18

En una hoja de libreta o para impresión, dividirás la hoja en cuatro, recuerda que serán 2 ejercicios uno será para saber la parte profesional y la otra será la parte personal, al final tendrás dos hojas divididas en cuatro como lo muestra el diagrama.

Tienes que ser muy objetivo para conocerte:

DEBILIDADES: Cuales son tus debilidades en tu trabajo/personal, tu eres el único que las conoce, se sinceró contigo mismo.

AMENAZAS: Aquí es donde sudarás porque tienes que reconocer cuáles son tus amenazas en el trabajo como personal.

FORTALEZAS: Pon todas tus fortalezas, esas la conoces al revés y al derecho.

OPORTUNIDADES: Aquí tendrás que poner cuales serían tus opciones de mejora tanto laboral como personal.

Hay más técnicas para detectar problemas, les comentaré cuales son las que más he usado:

Hacer un cuadro para conocer y delimitar el problema, consiste en lo siguiente:

Naturaleza del problema (Dónde existe) y (Dónde no existe).
Localizar el problema (Dónde, zona o extensión geográfica, lugar).
Magnitud del problema
Tipo de afectación
Es baja o alta prioridad
Opciones *a-b-c-d-e-f* para solucionar el problema con fundamentos.

CAPÍTULO 10
ANALIZANDO EL PROBLEMA

Importancia del problema haciendo un juicio previo sobre la trascendencia del tema en boga/oportunidad de logro después de solucionar el problema

Límites del problema, esto se debe a que ya conocemos sus consecuencias, inmediatas dando lugar a el límite del problema, dando la oportunidad de gestionar adecuadamente.

Tener siempre en mente las consecuencias y causas limitando el problema una vez que conocemos claramente con la consecuencia del problema, al analizar las causas del mismo tenderemos un panorama general.

Usando la técnica de URIM delimitando los problemas entre urgente e importante, subclasificando dentro de las mismas el problema, dando lugar a tipos de resolución y clasificación.

URIM		Urgente	
		-	+
Importante	+		
	-		

En este punto es muy importante delimitar las decisiones basándose en limitar las acciones a seguir, ejemplo:

En una empresa que vende muebles prefabricados se tiene que decidir en comenzar el proyecto y tener todo listo para ejecutarlo, el ciclo comienza con un ejecutivo que vende el proyecto, se dan estimaciones al cliente en tiempo real, cuando será la entrega del mueble que solicitó, dando por entendido todo lo que conlleva esto (contrato de compra venta, anticipo o pago total del mueble.) Etc.,

Sigue el proceso de ensamble en área de producción donde el ejecutivo debe entregar copia del contrato, para comenzar con el proceso de producción, en este *inter* muchas cosas salen mal por diferentes factores, comunicación, seguimiento y solución adecuada por ambas partes, el cliente solo espera su mueble en la fecha acordada, hay tanta burocracia dentro de la empresa que se genera el cáncer de toda empresa, yo le llamo *"mailitis"*, que esto , todo lo quieren solucionar con puro *mail*, buscando quien tiene el mejor fundamento o excusa para desistir de sus verdaderas funciones, comienza la cacería de quien se equivoca, por egos todos caen en malas prácticas antes de que el dueño se entere por que el cliente ya pide su devolución económica, y esto genera más gastos, increíblemente creen que se soluciona con regalos extra, porque se tiene un margen muy alto y no ven lo importante, al final del día alguien tiene la culpa y despedido o simplemente desiste de tanta "pendejada". (Muy mi punto de vista) *.

Desde una secretaria que busca crecer dentro de la empresa que genera cuestionables asignaturas, hasta gerentes de zona que quieren tratar a todos como niños bien portados pero ese tema lo tocaré en otro libro.

Mailitis (Neologismo propio): burocracia innecesaria para responder dentro de una empresa, todas las áreas usan este método ineficiente, hacen mal uso el mail, usándolo como distractor de funciones y resolución de problemas. (Pésimo desempeño y perdidas seguras con este proceso).

No ven las pérdidas por dos cosas: una por el margen muy alto de ganancia y el 2do. por el personal no adecuado para cada área, situación común en empresas familiares donde el portero termina siendo el gerente de planta después de 10 años.

Como ven ya hay un problema muy grande dentro de la empresa y con el cliente.

Les dejo un posible cuadro de soluciones:

Les recomiendo hacer el ejercicio basado en su experiencia y conocimiento, verán que hay más de una solución para todo.

URIM		Urgente	
		-	+
Importante +		Mails innecesarios, tiempo perdido	Entrega del mueble en fecha acordada
-	Solucionar problemas internos	Regalar objetos por mal trabajo, parte de la ganancia dada por errores de la empresa.	Control de cualquier área para poder tener accesos inmediatos para producción fuera de tiempo.
	Delimitar asignaturas para meter orden de trabajo para su proceso de ensamble.	Trabajar basándose en egos.	Eliminar egos en el trabajo, tener al personal correcto y no ascender a personal que no tiene el perfil, por más tiempo que lleve en la empresa, eso nunca generara eficiencia, solo problemas. Una cosa es la confianza y otra su verdadera vocación.

CAPÍTULO 11
ALTERNATIVAS ANALIZADAS PARA TOMA DE DECISIÓN.

Una decisión consiste en elegir, de entre una serie de posibilidades, la mejor de ellas generando una solución para el problema, todos los días te encontrarás con gente que no piensa primero antes de decidir o peor aún, actua sin pensar primero el resultado de sus acciones.

Por eso antes de tomar acción hay que recabar toda la información y las ideas generadas, comenzar a trabajar en ellas hasta encontrar las adecuadas.

¿Qué hacemos con toda esa colección de ideas que han aparecido en una sesión de creatividad?

¿Cuál de ellas elegimos?

¿Cuál será la estrategia más efectiva para solucionar problemas?

Es importante destacar que con el tiempo podras tener una estrategia para poder solucionar cualquier problema, cada quien la creara de acuerdo a su manera de ser o a su manera de trabajar.

Siempre se tiene que realizar una valoración de alternativas y toma de decisiones de acuerdo a los siguientes criterios los cuales puedes enriquecer con tú sentido común y experiencia.

- Buscar nuestros beneficios mediante objetivos estimados ¿qué ganamos?

- Crear un análisis y probabilidades de éxito ¿qué probabilidad tenemos de lograrlo?

- ¿De qué depende, de nosotros para ponerlo en marcha o no, depende de algún factor interno o externo en la empresa?

- ¿Qué medios podríamos llegar a necesitar? (personas, materiales, etc.)

- Tiempo estimado.

- ¿Qué implica, además de que riesgos vamos a correr?

Si terminamos la valoración de alternativas, sin encontrar alguna que sea realmente satisfactoria, algo no estás haciendo bien o eres parte del problema, busca apoyo, no podemos abandonar el problema por el simple hecho de que seas parte de él, habrá otras personas que pueden ayudarte.

Por muy importantes que sean los problemas, por más difíciles que sean, date tiempo para encontrar soluciones viables y eficaces.

CAPÍTULO 12

TÉCNICAS PARA VALORAR Y TOMAR DECISIONES

Si leíste el libro sabrás que son cualitativas y cuantitativas y lo único que tienes por hacer es una hoja de cálculo con lo mencionado anteriormente para generar tu propia manera de solucionar los problemas que están ahí, esperando a ser solucionados con verdadero conocimiento y fundamento, desde tu foda personal y laboral, ya sabes de que *"pie cojeas"* y sabes que áreas debes trabajar para tu crecimiento personal, los factores mencionados anteriormente, estructúralos de acuerdo a tu experiencia, manera de ser, pero lo que nunca cambiara será :

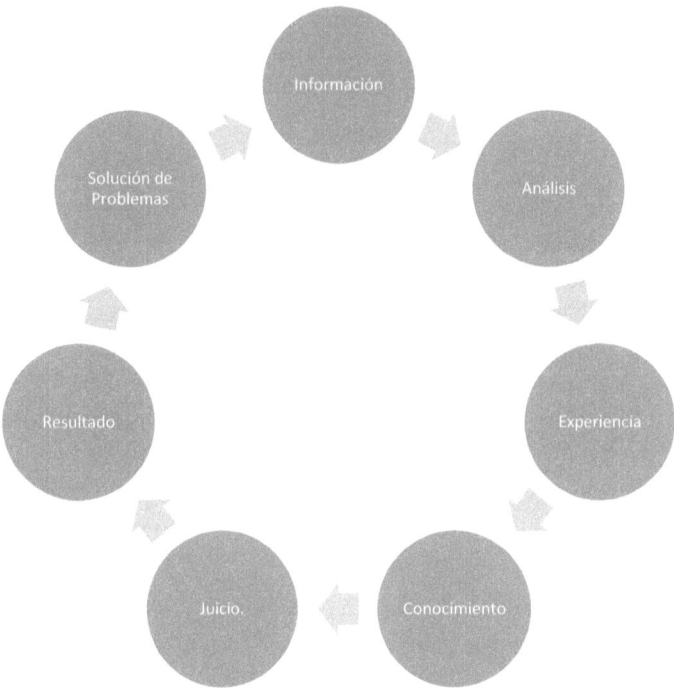

Recuerda tener diferentes opciones, haz el siguiente panel para resolver el problema con diferentes opciones

CAPÍTULO 13

¿CÓMO GENREAR ALTERNATIVAS?

Esta tabla es más simple de lo que parece, mentalmente lo puedes hacer en momentos de pronta acción, ejemplo

En la vida diaria se ocupa todos los días, checa este ejemplo:

Cuando vamos por la despensa, mentalmente sabemos dónde comprar las cosas, no siempre se compra todo en el mismo lugar, esto es porque se busca economizar en la compra de despensa en el súper mercado cuando en realidad sabemos dónde comprar determinadas cosas en diferentes lugares buscando un ahorro, hay cadenas de supermercados que te permite comprar productos por volúmen, permitiendo aumentar el ahorro en la despensa de determinados artículos que pueden durar más de un mes, como lo es comprar jabón líquido para ropa, al comprar en volúmen, se convierte automáticamente en ahorro porque es una compra bimestral.

El ejemplo que está en la siguiente página es muy simple, es algo que hacemos todos los días, la diferencia es que está organizado, aumentando la eficiencia en el ahorro de la despensa, todos los día tratamos de tomar la mejor decisión, donde comprar más barato, donde buscar por calidad y precio, en todo momento tomamos decisiones, la diferencia está en ver esto, organizar el proceso de toma de decisión, cuantas veces no has escuchado decir, llegue tarde, no pude, no sé cómo hacerlo, cuando realmente tenemos las respuesta para nuestras propias preguntas, la pregunta más común es ¿Por qué yo?, a mí siempre me pasa, esto es porque no vemos que somos parte del problema al no organizar nuestra manera de tomar decisiones.

Cuadro para ejercicio: En este cuadro puede ser informativo, a su vez que este puede hacerse uso como base para todo, desde el manejo y vaciado de dato de información cualitativa o bien, cuantitativa, de esto dependerá el uso, es así como este recurso puede ser utilizado de manera personal y/o laboral.

Alternativas	A	B	C	D	Total
Estrategias	Criterios	Eficacia	Rentabilidad $	Tecnología requerida y sustento Jurídico	
A					
B					
C					
D					
Total					

ESTRATEGIAS Y ALTERNATIVAS

Alternativas / Estrategias Donde comparar	A Criterios	B Eficacia	C Rentabilidad $	D Tecnología requerida y sustento Jurídico	Total
A Centro Comercial 1 llámese Wolmort	Compra de algunos elementos ,venta exclusiva	Tiempo de compra 10min	Solo comprar los elementos necesarios, tienda con costos elevados	Pedidos en línea solo para recoger	10% de la compra del súper.
B Centro Comercial 2 llámese Cotcenter	Compra de productos en volumen y cantidad.	Tiempo de compra de 10 min a 1 hora	Compra de víveres no perecederos y perecederos todos de excelente calidad x costo excelente ahorro por volumen.	Pedidos en línea 10 min, recorrido tienda 1 hr	80% de la compra del súper
C Tienda Oczo , 8 etc.	Compra de productos básicos	Tiempo de compra de 5 min a 15 min	Compra básica refresco(soda)	No hay pedidos en línea	5% de compra del súper por ser ocasional o diario
D Tienda tradicional	Compra de productos básicos	De 5 min a 15 min para comprar	Compras básicas o por el único lugar donde venden el producto.	No hay pedidos en línea	5 % de la compara del súper por ser compra esporádica o diaria.
Total	4 lugares diferentes para alcanzar la compra completa del súper	Entre 5 min de compra a 2 hr durante el proceso de compra,	Ahorro significativo a la hora de comprar la despensa.	Ahorro en tiempo al comprar en línea y solo recoger el pedido.	100% del proceso de compra, al decidir dónde hacer las mejoras compras.

Como verás, es algo que hacemos cotidianamente sólo que no llevamos un proceso adecuado, lo hacemos mentalmente de una manera desorganizada.

CAPÍTULO 14

¿CÓMO LLEVAR ACABO EL PLAN Y PONERLO EN MARCHA?

He aquí el momento más importante, poner en marcha y ejecutar planes de acción ante los problemas que vivimos cotidianamente como el ejercicio anterior en cual vimos de manera personal el diagrama, en el trabajo nos encontraremos con que, no siempre se cuenta con la aprobación del jefe inmediato por cuestiones de política de la empresa o por pura arrogancia y ego de éste individuo. No pasa nada al ver que eres parte de la solución te tomará en cuenta y muy probablemente con los otros jefes diga que él fue quien puso la idea y tú lo desarrollaste, como es el caso, que es algo que va a beneficiar a la empresa.

Aquí es donde ya tienes los fundamentos necesarios para acercarte con tu jefe inmediato y darle un punto de vista esencial que él no ve por las personas que solo hacen como que trabajan y no se desempeñan como debe ser; es así que resulta ser un buen momento para crecer y dar un punto de vista irrefutable por como hiciste las cosas, bien hechas y con fundamentos.

Ojo vender tu propuesta para solucionar lo que genero el problema, después de solucionarlo es más fácil, ya que tendrás todo el apoyo para que no suceda nuevamente, para tomar decisiones en una empresa, es porque el cargo así lo requiere, sí eres de otra área ve con pies de plomo, hay muchos "zopilotes queriendo robar tus ideas".

En la vida personal, en el día a día veremos las cosas con más claridad y sobretodo estaremos más informados que otros, a los cuales solo les gusta decir cosas sin pensar, nada más por tener la última palabra, aunque no lo creas en algunos casos médicos con estudios, suelen llegar a confundir conceptos básicos y elementales como son: la melancolía, una tristeza sana y pasajera con el concepto diagnóstico de depresión (trastorno del estado anímico véase en DSM-V) es ahí donde te darás cuenta que tan buen médico es, ¿curioso, no?.

Ya que el solo mencionar esto ha puesto en duda su capacidad como médico, además de su conocimiento, te comento el porqué, los únicos que pueden determinar un estado depresivo son los psicólogos, psicólogos clínicos o psiquiatras mediante una variedad de evaluaciones psicológicas y neurológicas de manera específica, un médico general sin las especialidades mencionadas no pude diagnosticar a nadie con depresión, sin tener los fundamentos que el área de Psiquiatría debe hacer, en lo personal solo los hace ver mal, parece más un chisme y genera problemas o situaciones colaterales no favorables para quien recibe un veredicto como tal, ya que cuando presenta una falta de fundamentos no se puede llamar diagnóstico.

"Ahora tendrás las herramientas para desarmar cualquier respuesta absurda".

CAPÍTULO 15

DESARROLLANDO EL PROCESO DE INTERVENCIÓN PARA SOLUCIONAR UN PROBLEMA

Como vimos en los temas anteriores tenemos un proceso para poder tomar decisiones más efectivas llamémosle primera fase donde comprendemos y entendemos el problema en toda su complejidad; podemos distinguir entre síntomas, signos, causas, ademas de saber cuáles serían las causas próximas y causas remotas, además de posibles resultados alternos, con diferentes decisiones que abarcan la solución del problema.

Durante el análisis y síntesis se elaboraron no sólo una explicación sino un modelo que permitiera orientar la intervención, mediante los procesos antes mencionados.

Se tiene que buscar información, organizarla, analizarla y luego sintetizarla para saber cómo influye en el problema y descarta soluciones de bajo impacto.

Segunda fase se enfatizó la creación de diferentes alternativas como vimos en los cuadros de ejemplo anteriores, para poder apoyarse en las fortalezas(FODA), minimizando obstáculos, generando fundamentos para solucionar el problema.

Tendrás nuevas capacidades profesionales que te ayudaran a resolver cualquier problema, desde bajo impacto hasta el de alto impacto, porque en este momento del proceso habrás aumentado tú creatividad, innovación, imaginación, llegando al proceso metacognitivo, ligadas al examen de los propios procesos de razonamiento y expresión, común mente llamado sentido común.

Tercera fase resolviendo el problema aplicando la metodología completa de este libro.

En la parte laboral se tiene que desarrollar un plan de acción y quienes intervendrán en él, para una empresa es importante trabajar en equipo para resolver el problema.

Las siguientes preguntas pueden ayudarnos a comenzar el proceso:

- ¿Cuáles son las cinco medidas más importantes que deben ser tomadas para poner en marcha el programa de solución de problemas?

- ¿Cómo deben ser comunicadas estas medidas para solucionar un problema?

- ¿Quiénes deben estar, en forma imprescindible durante el proceso de toma de decisión, aportando su conocimiento y experiencia ademas de estar comprometidos en la puesta en marcha: directivos, jefes de área, supervisores, ¿todos aquellos a los que involucre el problema?

- Control de imprevistos que podrían suceder durante el proceso de solución de problemas.

- Presentar soluciones a corto y mediano plazo además de los problemas generados por el problema y cuál es el estimado de pérdida.

Toda empresa o responsable de tomar la decisión debe crear y organizar su propio equipo de trabajo para buscar las mejores decisiones. Para ser líder durante este proceso debes tener los fundamentos y conocimiento, mucho confunden el liderazgo interviniendo sin conocimiento, creen que animando son líderes, eso no funciona, al contrario, es muy probable que por eso haya muchos problemas dentro de la empresa, siendo este líder parte del problema al no ser propositivo con fundamentos y conocimiento.

CAPÍTULO FINAL

EVALUACIÓN DE LOS LOGROS GENERADOS POR TU PRONTA ACCIÓN PARA RESOLVER EL PROBLEMA.

Esta es la última etapa del proceso de resolución de problemas está marcada por tener toda la información, analizarla para poder decidir mejor, en cualquier momento de tú vida o en el trabajo, porque es importante esta secuencia, bueno al tener toda la información no se tiene organizada son elementos individuales que forman la información como tal, la cual comienza a tener organización en el análisis, dando diferentes soluciones con diferentes márgenes desde ganancias hasta tiempos, dando lugar a diferentes maneras de ver el problema con diferentes variables para resolver el problema, organizando todo el resultado de la información y el análisis se podrá tomar la mejor decisión en el área que corresponda, solucionado el problema desde diferentes ángulos.

Para evaluar el proceso de toma de decisión se vincula estrechamente con mejorar cada momento y con el aprendizaje dejado por el proceso de solución de problemas, esto que pude ayudar en un futuro inmediato porque es cíclico, siempre habrá un problema que resolver.

No te conviertas en "*apagafuegos*", tomando decisiones que sólo salvan el momento, hay que eliminar los malos procesos y organizar todo de raíz.

"De ti depende mejorar la manera en la puedes resolver cualquier problema en tú vida, solo organiza tu pensamiento, estructura los pasos a seguir, ten los fundamentos, investiga, obtén toda la información necesaria, analiza y actúa."

ACERCA DEL AUTOR

Es un gusto poderme presentar ante Ud. Querido lector, mi nombre es Alex Plascencia, con la carrera en Administración de Empresas, este curso fue creado para generar mejores resultados en un equipo de trabajo, la experiencia de 20 años en áreas Administrativas y Gerenciales me permitió ver la oportunidad para mejorar el ámbito laboral y trabajo en equipo, lo cual me permitió seguir estudiando el área de Dirección de Recursos Humanos, el cual marcó significantemente una mejora permitiéndome crear cursos para capacitar a mi personal, el cual muchos han tenido éxito y otros siguen divagando en la monotonía y no porque el curso o el libro no funcione, simplemente ellos no tomaron la decisión de usar lo que aparentemente aprendieron, ya que siguen como "siempre" tomando decisiones sin fundamentos, teniendo que resolver las consecuencias de sus malas decisiones cuando pudieron hacer una decisión adecuada y con fundamento en su momento, porque ellos se consideran *"chingones"*(EGO) cuando no tienen ni el fundamento, *tablas* y conocimiento, siguen decidiendo por corazonada.

Gracias por leer este breve, pero conciso libro, espero que de ahora en adelante tus decisiones sean pensadas y organizadas.